Das Licht
in dunklen Zeiten sehen

10-Tage-Andacht

Das Licht in dunklen Zeiten sehen
10-Tage-Andacht

Veröffentlicht von Drezhn Publishing LLC
PO BOX 67458
Albuquerque, NM 87193-7458

Cover-Design von Drezhn Publishing LLC

April 16, 2026

eBook-ISBN 979-8-90010-018-0
Taschenbuch-ISBN 979-8-90010-019-7

Der gesamte Inhalt dieses Buches wurde aus der englischen Originalversion (Seeing The Light In Dark Times: 10 Day Devotional) mithilfe von Software für Künstliche Intelligenz übersetzt. Er wurde manuell bearbeitet, um Konsistenz zu gewährleisten. Er wurde nicht von einem Muttersprachler korrekturgelesen. Bitte ziehe eine Bibel in deiner Sprache zu Rate, während du dieses Buch liest. Du kannst die Bibel in deiner Sprache unter www.bible.com lesen.

Inhaltsverzeichnis

DAS LICHT IN DUNKLEN ZEITEN SEHEN

10-Tage-Andacht

Marsha Kuhnley

Einleitung

Ich wurde dazu inspiriert, dieses Andachtsbuch zu schreiben, weil sich unsere Welt und unsere Lebensweise mit dem Ausbruch des Coronavirus Anfang 2020 ganz plötzlich verändert haben. Die meisten von uns haben noch nie erlebt, wie ganze Städte, Bundesstaaten und sogar Länder stillgelegt wurden, weil den Menschen gesagt wurde, sie sollten zu Hause bleiben. Unzählige Menschen haben ihren Arbeitsplatz verloren. Der Aktienmarkt erlebte einen beispiellosen Einbruch. Wer hätte gedacht, dass Klopapier die begehrteste Ware sein würde? Bei allem, was gerade passiert, haben die Menschen Angst und sind unsicher, was die Zukunft bringt. Die Menschen fragen sich, warum Gott so etwas zulässt.

Ich kann dir mit absoluter Gewissheit sagen, dass Gott die Kontrolle hat und Er in all dem einen Plan verfolgt. Ich weiß, dass es schwer sein kann, Gottes Licht in dunklen Zeiten zu sehen. Dafür ist dieses Andachtsbuch gedacht. Es wird deine dringenden Fragen dazu beantworten, wie du gerettet werden kannst, warum Gott böse Dinge zulässt und wie du mitten in der Dunkelheit Frieden finden kannst. Es wird dir in dieser schwierigen Zeit Trost spenden.

> Doch es wird keine Finsternis mehr sein für die, die in Bedrängnis war. ... Das Volk, das in der Finsternis wandelte, hat ein großes Licht gesehen. Das Licht ist denen aufgegangen, die im Land des Todesschattens wohnten. (Jesaja 9,1-2)

In diesem Andachtsbuch wirst du jeden Tag eine Auswahl aus der Schrift lesen, die ich ausgewählt habe, um die biblischen Wahrheiten passend zum jeweiligen Tagesthema zu veranschaulichen. Darauf folgt eine kurze Erklärung der Schriftstelle. Dann folgen die Lektion und die Anwendung, in denen ich dir eine zentrale Wahrheit und eine Frage präsentiere, über die du an diesem Tag nachdenken kannst. Die tägliche Lesung endet mit einem Gebet. Ich schätze, dass du jeden Tag etwa fünf bis zehn Minuten zum Lesen brauchen wirst.

Wenn dies dein erstes Andachtsbuch ist, hoffe ich, dass du sie genauso lieben lernst wie ich.

Tag 1 - Warum Gott dunkle Zeiten zulässt

Schriftlesung

Denn ich betrachte die Leiden der jetzigen Zeit nicht als wert, verglichen zu werden mit der Herrlichkeit, die an uns geoffenbart werden soll. Denn die Schöpfung wartet mit sehnsüchtiger Erwartung auf das Offenbarwerden der Kinder Gottes. Denn die Schöpfung wurde der Nichtigkeit unterworfen, nicht aus eigenem Willen, sondern um dessentwillen, der sie unterworfen hat, in der Hoffnung, dass auch die Schöpfung selbst von der Knechtschaft der Vergänglichkeit befreit werden wird zur Freiheit der Herrlichkeit der Kinder Gottes. Denn wir wissen, dass die ganze Schöpfung bis jetzt zusammen seufzt und in Geburtswehen liegt. Nicht nur das, sondern auch wir selbst, die wir die Erstlingsfrüchte des Geistes haben, auch wir selbst seufzen in uns selbst und warten auf die Sohnschaft, die Erlösung unseres Leibes. (Römer 8,18-23)

Nicht nur dies, sondern wir rühmen uns auch in unseren Leiden, da wir wissen, dass Leiden Ausharren bewirkt; und das Ausharren bewährten Charakter; und der bewährte Charakter Hoffnung; und die Hoffnung enttäuscht uns nicht, weil die Liebe Gottes in unsere Herzen ausgegossen ist durch den Heiligen Geist, der uns gegeben wurde. (Römer 5,3-5)

Denn jene haben uns zwar für wenige Tage gezüchtigt, wie es ihnen richtig erschien, Er aber zu unserem Nutzen, damit wir Seiner Heiligkeit teilhaftig werden. Alle Züchtigung scheint für die Gegenwart nicht Freude, sondern Schmerz zu sein; doch danach bringt sie denen, die durch sie geübt worden sind, die friedsame Frucht der Gerechtigkeit. (Hebräer 12,10-11)

Es ist gut für mich, dass ich bedrängt wurde, damit ich Deine Satzungen lerne. (Psalm 119,71)

In meiner Not rief ich Jahwe an und schrie zu meinem Gott. Er hörte meine Stimme aus Seinem Tempel. Mein Schreien vor Ihm kam in Seine Ohren. (Psalm 18,6)

Erklärung

Als Adam und Eva im Garten sündigten, wurde als Folge davon Gottes gesamte Schöpfung verflucht. Deshalb gibt es Sünde, Böses, Krankheit und Schmerz in der Welt. Wir leben in einer gefallenen Welt.

Du musst dich daran erinnern, dass die Leiden, die du heute erlebst, nur vorübergehend sind. Der Apostel Paulus sagt uns, dass sie es nicht einmal wert sind, mit den wunderbaren Dingen verglichen zu werden, die uns im Himmel erwarten.

Dieser Zustand, in dem wir leben, gibt Gott die großartige Gelegenheit, uns Seine Liebe zu zeigen. Das ist es, woran Er möchte, dass du denkst, wenn Angst, Leiden, Herzschmerz oder Schmerz auf dich zukommen. Gottes Liebe besiegt die Furcht. Denke an Gottes Liebe zu dir. Wenn du deinen Glauben auf Jesus gesetzt hast, ist deine Erlösung nahe. Jesus kommt, um Seine Gemeinde zu entrücken. Du wirst einen neuen Leib bekommen. Du wirst eines Tages für immer bei Ihm leben. Du hast nichts zu befürchten, denn nichts kann dir das nehmen.

Paulus sagt uns auch, dass Leiden Ausharren bewirkt, was die Fähigkeit ist, trotz Härte und Widerstand standhaft zu bleiben, weiterzumachen und durchzuhalten. Dies bringt Charakter hervor. Das ist es, was dich zu dem macht, der du bist. Fällt dir jemand ein, der trotz des immensen Schmerzes und Leidens ausgeharrt hat? Es ist Jesus! Er weiß alles darüber, in der Dunkelheit zu leben. Als Er gekreuzigt wurde, bedeckte Dunkelheit das Land und Er schrie zu Gott: „Warum hast du mich verlassen?" Das liegt daran, dass Gott sich von Ihm abwandte, als Er all deine Sünden und die Sünden aller anderen auf Ihn legte. Jesus weiß, wie es ist, in dunklen Zeiten zu leben.

Es ist der Charakter Jesu, den du beweist, wenn du in der Lage bist weiterzumachen, wenn Dunkelheit dich umgibt. Deine Erfahrung wird dir helfen, dich nicht nur in Jesus hineinzuversetzen, sondern auch in andere, die etwas Ähnliches durchmachen. Dann wirst du in der Lage sein, andere zu trösten und ihnen in ihrer Zeit der Not zu helfen. Und warum machst du weiter? Weil du Hoffnung hast. Du vertraust auf alle Verheißungen Gottes. Und je mehr du weiterhin standhaft bleibst, desto mehr Glauben und Hoffnung entwickelst du.

Ein weiterer Grund, warum Gott dunkle Zeiten zulässt, ist, dass sie eines von Gottes göttlichen Werkzeugen der Züchtigung sind. Er benutzt sie, um Menschen zu Sich zu ziehen, damit Er sie dann trösten, korrigieren und lehren kann. Krankheit und Tragödien bringen die Menschen dazu, über ihre eigene Sterblichkeit, das Leben nach dem Tod und Gott nachzudenken. Wahrscheinlich hast du in der Bibel nach Antworten und ermutigenden Worten gesucht. Das ist genau das, was Er von den Menschen möchte. Wenn du dich während deiner dunklen Zeit an Gott wendest, wisse, dass Gott da ist und Er zuhört.

Lektion

Würdest du dich nach dem Himmel und deinem neuen Leib sehnen, wenn das Leben auf der Erde bereits so wäre wie das Leben im Himmel? Bedenke die Worte Jesu, dass es für einen reichen Mann schwierig ist, in den Himmel zu kommen. Das liegt daran, dass sie ihre Notwendigkeit für einen Retter nicht sehen. Dunkle Zeiten weisen auf Jesus hin, das Licht der Welt und den Retter der Menschheit.

Anwendung

Schreie heute in der dunklen Zeit, der du gegenüberstehst, zu Gott um Hilfe. Lies deine Bibel und nahe dich Gott. Schütte dein Herz vor Ihm aus. Erzähle Ihm von all deinen Ängsten, Sorgen, Schmerzen, deiner Trauer, deinen Zweifeln, Krankheiten und Kämpfen. Er weiß bereits, was du durchmachst, aber Er sehnt sich danach, dass du dich entlastest. Schütte also alles, was dich belastet, auf Gott. Er wird dir im Gegenzug Seinen Frieden geben. Dann erinnere dich an Gottes Verheißungen für Gläubige und lass dich mit Hoffnung erfüllen.

Gebet

Lieber Gott, es ist schwer, in dunklen Zeiten zu leben. Es ist beängstigend. Ich mache mir um viele Dinge Sorgen und zweifle an Deinen Verheißungen. Bitte vergib mir. Ich bitte Dich, nimm all meine Lasten und gib mir im Gegenzug Deine Verheißung des Friedens. Ich bete, dass Du mir hilfst, durch die Dunkelheit hindurch auszuharren, damit ich einen bewährten Charakter entwickeln kann, der es mir ermöglicht, mich in andere hineinzuversetzen und ihnen zu helfen, wenn ihre Not entsteht. Bitte tröste meine Familie und Freunde und hilf auch ihnen, Dich zu suchen. Ich bete, dass die Menschen, die mir wichtig sind und die Dich noch nicht kennen, dazu kommen, Dir zu vertrauen. Hilf mir, das Licht anzuschalten, mich Dir in dieser dunklen Zeit zu nähern und Trost in Deinen Worten und Verheißungen zu finden.

Tag 2 - Im Licht leben

Schriftlesung

Im Anfang war das Wort, und das Wort war bei Gott, und das Wort war Gott. Dasselbe war im Anfang bei Gott. Alle Dinge wurden durch dasselbe gemacht. Ohne dasselbe wurde nichts gemacht, was gemacht ist. In ihm war das Leben, und das Leben war das Licht der Menschen. Das Licht scheint in der Finsternis, und die Finsternis hat es nicht überwältigt. … Und das Wort wurde Fleisch und wohnte unter uns. Wir sahen seine Herrlichkeit, eine Herrlichkeit als des eingeborenen Sohnes vom Vater, voller Gnade und Wahrheit. (Johannes 1,1-5.14)

Wiederum sprach Jesus zu ihnen und sagte: „Ich bin das Licht der Welt. Wer mir nachfolgt, wird nicht in der Finsternis wandeln, sondern wird das Licht des Lebens haben." (Johannes 8,12)

Ich erkläre euch nun, Brüder, das Evangelium, das ich euch verkündigt habe, das ihr auch angenommen habt, in dem ihr auch steht, durch das ihr auch gerettet werdet, wenn ihr an dem Wort festhaltet, das ich euch verkündigt habe – es sei denn, ihr hättet vergeblich geglaubt. Denn ich habe euch zuallererst das überliefert, was ich auch empfangen habe: dass Christus für unsere Sünden gestorben ist, gemäß der Schrift, dass er begraben wurde, dass er am dritten Tag auferweckt wurde, gemäß der Schrift, und dass er Kephas erschienen ist, dann den Zwölfen. Danach erschien er mehr als 500 Brüdern auf einmal, von denen die meisten bis jetzt geblieben sind, einige aber sind auch entschlafen. Danach erschien er Jakobus, dann allen Aposteln, und zuletzt von allen, gleichsam dem Kind, das zur falschen Zeit geboren wurde, erschien er auch mir. (1. Korinther 15,1-8)

Wie kostbar ist Deine liebende Güte, Gott! Die Menschenkinder nehmen Zuflucht unter dem Schatten Deiner Flügel. Sie werden überreich gesättigt von der Fülle Deines Hauses. Du wirst sie trinken lassen vom Strom Deiner Wonnen. Denn bei Dir ist die Quelle des Lebens. In Deinem Licht werden wir das Licht sehen. (Psalm 36,7-9)

Erklärung

Um in der Dunkelheit sehen zu können, musst du ein Licht einschalten und es dann benutzen, um dir den Weg zu leuchten. Jesus Christus ist der „Sohn des Vaters", welcher Gott ist, das „Wort" und das „Licht der Welt". Mehr noch: Jesus ist Gott im Fleisch. Wir lernen das in der Schrift, die sagt: „das Wort war Gott" und das „Wort wurde Fleisch". Das ist richtig, Gott verließ den Himmel und kam auf die Erde. Seine Mission — die Finsternis besiegen.

Siehst du, du bist ein Sünder. Tatsächlich sind wir alle Sünder und als solche verdienen wir den Tod und die Finsternis in der Hölle, weil wir Gott ungehorsam waren. Wir sind nicht rein und heilig wie Gott. Das ist ein Problem, denn das bedeutet, dass wir nicht im Himmel leben können, wo Gott wohnt. Aber es gibt eine frohe Botschaft! Gott liebt uns so sehr, dass Er freiwillig starb, um uns zu retten. Er möchte, dass wir alle für die Ewigkeit bei Ihm leben. Alles, was wir tun müssen, ist glauben.

Glaube daran, dass Jesus der ist, der Er zu sein behauptet, dass Er für deine Sünden gekreuzigt wurde, dass Er von den Toten auferstanden ist, da Er Gott und allmächtig ist, und dass Er danach vielen Menschen erschienen ist, einschließlich des Apostels Paulus, der diesen Bericht schrieb.

Sobald du glaubst, füllt Jesus dich mit Seinem Heiligen Geist und lebt in dir. Ja, das Licht der Welt ist wahrhaftig in dir. Du wirst nicht länger dazu bestimmt sein, in ewiger Finsternis zu leben. Mit Jesus in dir wirst du dich nicht länger auf die dunklen Zeiten konzentrieren. Stattdessen wirst du das Licht sehen, weil du damit erfüllt bist und dort leben sollst. Deine Furcht wird durch Liebe und Frieden ersetzt werden. Deine Trauer und Verzweiflung werden durch Hoffnung ersetzt werden. Du wirst Gottes liebende Güte in all dem sehen. Du wirst deine Augen auf Jesus und Seinen Wohnort richten, den Himmel.

Jesus besiegte den Tod und die Finsternis, als Er aus dem Grab trat. Diese dunkle Zeit wird auch dich nicht besiegen. Folge Jesus nach. Vertraue auf Seine Verheißungen. Wisse, dass Er gesiegt hat. Die Finsternis hat verloren und hat keine Macht über dich. Du hast das Licht des Lebens, weil Jesus, der das Licht ist, in dir lebt.

Lektion

Hast du in dieser dunklen Zeit nach dem Licht gegriffen und es eingeschaltet? Du musst Jesus ergreifen und Ihn als deinen persönlichen Retter annehmen, um Sünde, das Böse und die Finsternis zu besiegen. Wenn du das getan hast, dann musst du jeden einzelnen Tag mit Jesus wandeln, der das Licht ist. Andernfalls wirst du dich von Jesus weg in die Dunkelheit begeben.

Anwendung

Erkenne heute alles an, was Jesus getan hat, um dich aus der Dunkelheit zu retten. Bete darum, Ihn in dein Herz aufzunehmen und lass dich von Erleichterung erfüllen. Zu sehen, wie die Schrift lebendig wird, ist sehr kraftvoll, besonders wenn wir von Angst und Ungewissheit überwältigt sind. Schau dir diese Woche einen Film über Jesus an. Meine persönlichen Favoriten sind The Chosen, Risen, The Passion of the Christ und Son of God. Es gibt auch den zeitlosen Film The Jesus Film, der online kostenlos angesehen werden kann und in Hunderten von Sprachen verfügbar ist. The Chosen ist ebenfalls in vielen Sprachen verfügbar. Erlebe Jesus auf eine Weise, wie du es vielleicht noch nie zuvor oder schon lange nicht mehr getan hast. Du wirst Jesus begegnen, falls du Ihn noch nicht kennst. Es wird dir helfen, das Licht zu sehen, und es wird dich inspirieren, mit Ihm in Seinem Licht zu wandeln.

Gebet

Lieber Gott, danke, dass Du als Mensch mit Fleisch und Blut auf die Erde gekommen bist und dann Dein Blut vergossen hast, um mich von meinen Sünden zu retten. Ich glaube, dass Jesus der Sohn Gottes ist, dass Er Gott im Fleisch ist, dass Er für meine Sünden gestorben ist und dass Er aus dem Grab auferstanden ist und im Himmel regiert. Ich möchte nicht länger in der Dunkelheit leben und Angst haben. Bitte vergib mir, dass ich ein Sünder bin. Ich möchte, dass Jesus in mein Leben kommt und mich mit Seinem Licht erfüllt. Bitte hilf mir, meine Bibel zu lesen, zu beten und so jeden Tag mit Jesus zu wandeln.

Tag 3 - Frieden in der Dunkelheit haben

Schriftlesung

David sagte zu Salomo, seinem Sohn: „…Fürchte dich nicht und verzage nicht, denn Jahwe Gott, ja mein Gott, ist mit dir. Er wird dich nicht fallen lassen noch dich verlassen." (1. Chronik 28,20)

„Euer Herz erschrecke nicht. Glaubt an Gott. Glaubt auch an mich. … Wenn ich hingehe und euch eine Stätte bereite, werde ich wiederkommen und euch zu mir nehmen; damit, wo ich bin, auch ihr seid." … Jesus sagte zu ihm: „Ich bin der Weg, die Wahrheit und das Leben. Niemand kommt zum Vater außer durch mich. … Ich werde den Vater bitten, und Er wird euch einen anderen Ratgeber geben, damit Er für immer bei euch sei: den Geist der Wahrheit, den die Welt nicht empfangen kann, denn sie sieht Ihn nicht und kennt Ihn nicht. Ihr kennt Ihn, denn Er bleibt bei euch und wird in euch sein. … Aber der Ratgeber, der Heilige Geist, den der Vater in Meinem Namen senden wird, Er wird euch alles lehren und euch an alles erinnern, was ich euch gesagt habe. Frieden lasse ich euch zurück. Meinen Frieden gebe ich euch; nicht wie die Welt gibt, gebe ich euch. Euer Herz erschrecke nicht und fürchte sich nicht." (Johannes 14,1.3.6.16-17.26-27)

„Ich habe euch diese Dinge gesagt, damit ihr in mir Frieden habt. In der Welt habt ihr Bedrängnis; aber seid getrost! Ich habe die Welt überwunden." (Johannes 16,33)

Seid um nichts besorgt, sondern lasst in allem durch Gebet und Flehen mit Danksagung eure Anliegen vor Gott kundwerden. Und der Friede Gottes, der allen Verstand übersteigt, wird eure Herzen und eure Gedanken in Christus Jesus bewahren. (Philipper 4,6-7)

Siehe, ein gewaltiger Sturm kam auf dem Meer auf, so dass das Boot von den Wellen bedeckt wurde; Er aber schlief. Die Jünger kamen zu Ihm und weckten Ihn auf und sagten: „Rette uns, Herr! Wir kommen um!" Er sagte zu ihnen: „Warum seid ihr furchtsam, o ihr Kleingläubigen?" Dann stand Er auf, bedrohte den Wind und das Meer, und es trat eine große Stille ein. Die Männer staunten und sagten: „Was für ein Mensch ist das, dass Ihm sogar der Wind und das Meer gehorchen?" (Matthäus 8,24-27)

Erklärung

Jesus, Gott im Fleisch, ist immer bei dir. Seine Liebe zu dir besiegt die Dunkelheit und die Angst, die sie mit sich bringt. Wenn du deinen Glauben auf Ihn gesetzt hast, wird Er Seinen Heiligen Geist nicht von dir nehmen. Er wird keine Seiner Verheißungen zurücknehmen. Du brauchst dir keine Sorgen zu machen oder Angst vor diesen Dingen zu haben.

Du hast die Macht, deine Gedanken zu kontrollieren. Jesus hat dir befohlen, dich nicht zu fürchten oder beunruhigen zu lassen. Das bedeutet, Er hat dir die Kraft gegeben, diese Gefühle zu besiegen. Der Heilige Geist ist dein Beschützer. Er bewahrt dein Herz und deinen Verstand. Er bringt dir Frieden. Er lehrt dich alle Dinge. Wenn du deinen Glauben auf Jesus gesetzt hast, dann wird der Heilige Geist Gottes Wort gebrauchen, um deine Gedanken zu schützen und dir in dunklen Zeiten Trost zu spenden.

Der Schlüssel zur Überwindung der Angst, die die Dunkelheit auslöst, sind Gebet und Danksagung. Du musst dich nur von dem entlasten, was dich beunruhigt, was dir Kummer bereitet und was du brauchst. Gott wird all diese Sorgen und den Schmerz nehmen und dir im Gegenzug Seinen Frieden geben. Vergiss jedoch das Element der Dankbarkeit nicht. Danke Gott für den Heiligen Geist und dafür, dass Er deine Dunkelheit nimmt und dir Sein Licht gibt.

Ungeachtet dessen, was in deinem Leben, im Leben eines geliebten Menschen oder in der Welt geschieht, wisse, dass Gott die vollständige Kontrolle hat. Er kontrolliert den Sturm, die Dunkelheit und die Prüfung, die du gerade erlebst. Er wird dem Sturm Einhalt gebieten, wenn es an der Zeit ist, wenn er seinen Zweck erfüllt hat. Mitten im dunklen Sturm wollte Jesus, dass Seine Jünger Glauben haben. Das wird auch von dir verlangt. Lass diese dunkle Zeit deinen Glauben wachsen.

Stärke deinen Glauben, indem du auf Gottes Verheißungen vertraust. Weißt du, Jesus hat dir gesagt, was die Zukunft bringt, damit du Frieden hast. Er möchte, dass du glaubst. Er hat dir Verheißungen gegeben, damit du dich in Zeiten wie dieser an ihnen festhalten kannst.

Eine dieser aufregenden Verheißungen ist, dass Jesus zurückkommt, um uns zu holen. Dies ist die Entrückung Seiner Gemeinde, der Menschen, die ihren Glauben zur Errettung auf Ihn gesetzt haben. Wir leben in den letzten Tagen, also könnte es jeden Moment passieren. Lass dir dadurch ein Lächeln ins Gesicht zaubern. Heute könnte der Tag sein, an dem du Jesus von Angesicht zu Angesicht siehst.

Lektion

Hast du deinen Glauben auf Jesus gesetzt? Dann wohnt der Heilige Geist in dir, der Gottes Frieden schenkt.

Hast du Gott gesagt, was dich beschäftigt und beunruhigt? Du musst all deine Angst und Besorgnis an Jesus abgeben, damit Er dich mit dem Heilmittel füllen kann, das diese Gefühle besiegt: Seine Liebe und Sein Friede.

Lässt du deinen Glauben während deiner dunklen Zeit wachsen, indem du dich an Gottes Verheißungen erinnerst? Du musst Seine Verheißungen kennen, um an ihnen festhalten zu können.

Anwendung

Nimm heute Jesus in dein Leben auf und empfange Seinen Heiligen Geist, falls du es noch nicht getan hast. Frieden kann man nicht selbst erreichen. Er muss dir vom Urheber des Friedens, Jesus, gegeben werden. Entlaste dich, indem du Jesus alles erzählst, was dich beunruhigt. Dann hör auf, dich auf deine Dunkelheit zu konzentrieren. Schau stattdessen auf Gottes Verheißungen. Finde mindestens eine Verheißung in der Bibel, an der du dich diese Woche festhalten kannst. Bewahre sie in deinem Herzen und rufe sie dir ins Gedächtnis, wenn die Dunkelheit versucht, sich wieder einzuschleichen.

Gebet

Lieber Gott, hilf mir zu erkennen, dass meine Versuche, Ordnung aus dem Chaos zu schaffen und meinen eigenen Frieden hervorzubringen, nicht funktionieren werden. Ich möchte auf Deine Verheißungen vertrauen. Da ich meinen Glauben auf Jesus gesetzt habe, weiß ich, dass der Heilige Geist in mir lebt. Ich bitte Dich, nimm alles weg, was mich beunruhigt, und lass stattdessen den Frieden, den der Heilige Geist schenkt, meine Gedanken bewahren. Hilf mir, auf Deine Verheißungen zu vertrauen und mich an sie zu erinnern, wenn die Dunkelheit über mich kommt.

Tag 4 - Sei ein Gebetskrieger

Schriftlesung

Als Er an einem gewissen Ort mit dem Beten fertig war, sagte einer Seiner Jünger zu Ihm: „Herr, lehre uns beten, wie auch Johannes seine Jünger lehrte." Er sagte zu ihnen: „Wenn ihr betet, so sprecht: ‚Unser Vater im Himmel, geheiligt werde Dein Name. Dein Reich komme. Dein Wille geschehe auf Erden wie im Himmel. Gib uns Tag für Tag unser tägliches Brot. Und vergib uns unsere Sünden, denn auch wir selbst vergeben jedem, der uns etwas schuldig ist. Und führe uns nicht in Versuchung, sondern erlöse uns von dem Bösen.'" Er sagte zu ihnen: „Wer von euch hat einen Freund und ginge zu ihm um Mitternacht und sagte zu ihm: ‚Freund, leihe mir drei Brote; denn ein Freund von mir ist von einer Reise zu mir gekommen, und ich habe nichts, was ich ihm vorsetzen kann'; und jener von innen würde antworten und sagen: ‚Bemühe mich nicht! Die Tür ist schon verschlossen, und meine Kinder sind bei mir im Bett; ich kann nicht aufstehen und sie dir geben'? Ich sage euch: Wenn er auch nicht aufstehen und sie ihm geben wird, weil er sein Freund ist, so wird er doch wegen seiner Beharrlichkeit aufstehen und ihm geben, so viele er braucht. Und ich sage euch: Bittet, so wird euch gegeben; suchet, so werdet ihr finden; klopfet an, so wird euch aufgetan. Denn jeder, der bittet, empfängt; und wer sucht, der findet; und wer anklopft, dem wird aufgetan." (Lukas 11,1-10)

Und nehmt den Helm des Heils und das Schwert des Geistes, welches das Wort Gottes ist; mit allem Gebet und Flehen, indem ihr zu jeder Zeit im Geist betet und dazu wacht mit allem Ausharren und Flehen für alle Heiligen. (Epheser 6,17-18)

Ebenso hilft aber auch der Geist unserer Schwachheit; denn wir wissen nicht, was wir beten sollen, wie es sich gebührt, sondern der Geist selbst tritt für uns ein mit unaussprechlichem Seufzen. Er aber, der die Herzen erforscht, weiß, was der Sinn des Geistes ist, denn Er tritt für die Heiligen Gott gemäß ein. (Römer 8,26-27)

Seid um nichts besorgt, sondern lasst in allem durch Gebet und Flehen mit Danksagung eure Anliegen vor Gott kundwerden. (Philipper 4,6)

Erklärung

Wir haben zuvor über die Bedeutung des Betens gesprochen, um die Dunkelheit zu besiegen. In der heutigen Lesung hast du gelernt, wie man betet. Die Jünger Jesu wussten nicht, wie sie beten sollten, und als sie Ihn fragten, gab Er ihnen klare Anweisungen, denen sie folgen konnten. Nun kannst du gewiss genau das Gebet beten, das Jesus in Seinem Beispiel verwendet hat, jedoch ist es als Vorlage gedacht und nicht als etwas, das du jeden Tag blind wiederholst.

Die Bestandteile eines guten Gebets umfassen das Lob an Gott, das Gebet für andere, das Gebet, dass Gottes Wille geschieht, das Gebet für deine eigenen Bedürfnisse, ein Anerkennen deiner Sünden und eine Bitte um Vergebung sowie das Gebet, dich von Versuchung fernzuhalten. Es ist besonders wichtig, dass du daran denkst, für andere Gläubige zu beten. „Die Heiligen" ist die Art und Weise, wie der Apostel Paulus sie beschrieb. Nicht jedes deiner Gebete muss all diese Dinge enthalten, aber einige sollten es durchaus.

Ich möchte, dass du bemerkst, dass Jesus in Seinem Beispiel, als Er für Seine Bedürfnisse und die Seiner Jünger betete, um das „tägliche Brot" bat. Er bat nicht um etwas, das sie sich wünschten, wie vielleicht einen Bus, damit sie nicht überall zu Fuß hingehen müssten. Er bat nicht um einen Jahresvorrat an Lebensmitteln, damit sie nicht jeden Tag so hart arbeiten müssten. Nein, Er bat Gott einfach darum, sie jeden Tag mit Nahrung zu versorgen.

Eine weitere zentrale Wahrheit in diesen Schriftstellen ist, in deinen Gebeten beharrlich zu sein. Du solltest zu jeder Zeit beten und niemals aufgeben. Es geht um Ausharren. Bete also am Morgen, wenn du deinen Tag beginnst, bete während des Tages, wenn ein Bedürfnis entsteht oder wenn du Gott dafür danken möchtest, dass Er dir hilft, und bete am Abend, um deine Lasten an Gott zu übergeben und dann mit Gottes Frieden gut zu schlafen.

Ausharren bedeutet, dass du auch angesichts von Widerstand, wie etwa Enttäuschung, weiter betest. Nur weil du keinen Fortschritt siehst, heißt das nicht, dass Gott nicht zuhört. Erinnere dich daran, dass der Prophet Daniel betete und es Wochen dauerte, bis ein Engel mit einer Antwort zu ihm gelangte, weil er durch geistliche Kampfführung aufgehalten wurde. Bete weiter für die Errettung deiner Lieben. Denke daran, dass Gott sie noch mehr liebt als du und sie gerettet sehen möchte.

In Zeiten, in denen es uns schwerfällt zu beten, weil wir nicht die richtigen

Worte finden oder gar nicht wissen, worum wir bitten sollen, darfst du dich damit trösten, dass der Heilige Geist dir den Rücken stärkt. Der Heilige Geist tritt immer für dich ein, das bedeutet, Er betet für dich. Mehr noch, die Gebete des Heiligen Geistes entsprechen immer Gottes Willen für dein Leben.

Lektion

Wir befinden uns in einem geistlichen Krieg und eine unserer Waffen ist das Gebet. Bist du ein Gebetskrieger?

Jesus gab uns das perfekte Beispiel für ein Gebet. Wenn du zu Gott betest, enthalten deine Gebete alle Elemente, die Er hatte?

Gott möchte, dass wir in unseren Gebeten beharrlich sind. Gibt es etwas, für das du aufgehört hast zu beten und für das du Gott nun wieder bitten musst?

Anwendung

Werde heute zu einem Gebetskrieger. Sprich ein Gebet zu Gott, das alle Elemente aus dem Beispiel Jesu enthält. Denke dann an all die Gläubigen in deinem Leben und sprich ein Gebet für sie. Bete für deine Familie, Freunde und deinen Pastor. Bete, dass Gott sie versorgt, dass Gott sie von Versuchung fernhält und dass Gottes Wille für sie erfüllt wird. An Tagen, an denen es dir schwerfällt zu wissen, was du beten sollst, nimm einen Psalm oder suche den Text eines christlichen Lieblingsliedes und nutze diesen als Leitfaden für dein Gebet.

Gebet

Lieber Gott, bitte hilf mir, heute ein Gebetskrieger zu werden. Hilf mir, das Gebet nicht nur zu einer täglichen Gewohnheit zu machen, sondern zu einer Gewohnheit über den ganzen Tag hinweg. Ich bete Psalm 23 für mich selbst, meine Lieben und meinen Pastor.

Jahwe ist mein Hirte; mir wird nichts mangeln. Er weidet mich auf grünen Auen. Er führt mich zu stillen Wassern. Er erquickt meine Seele. Er leitet mich auf Pfaden der Gerechtigkeit um Seines Namens willen. Auch wenn ich durch das Tal des Todesschattens wandere, werde ich nichts Böses fürchten, denn Du bist bei mir. Dein Stecken und Dein Stab, sie trösten mich. Du bereitest einen Tisch vor mir angesichts meiner Feinde. Du salbst mein Haupt mit Öl. Mein Becher fließt über. Wahrlich, Güte und liebende Güte werden mir folgen alle Tage meines Lebens, und ich werde für immer im Hause Jahwes wohnen. (Psalm 23,1-6)

Tag 5 - Bete um Heilung

Schriftlesung

Leidet jemand unter euch? Er soll beten. Ist jemand guten Mutes? Er soll Loblieder singen. Ist jemand unter euch krank? Er soll die Ältesten der Gemeinde zu sich rufen, und sie sollen über ihm beten und ihn mit Öl salben im Namen des Herrn; und das Gebet des Glaubens wird den Kranken heilen, und der Herr wird ihn aufrichten. Und wenn er Sünden begangen hat, wird ihm vergeben werden. Bekennt einander eure Sünden und betet füreinander, damit ihr geheilt werdet. Das eindringliche Gebet eines Gerechten ist überaus wirksam. (Jakobus 5,13-16)

Vertraue auf Jahwe von ganzem Herzen und stütze dich nicht auf deinen eigenen Verstand. Erkenne Ihn an auf allen deinen Wegen, und Er wird deine Pfade ebnen. Sei nicht weise in deinen eigenen Augen. Fürchte Jahwe und weiche vom Bösen. Das wird Heilung für deinen Leib und Labung für deine Gebeine sein. (Sprüche 3,5-8)

Sei mir gnädig, Jahwe, denn ich bin matt. Jahwe, heile mich, denn meine Gebeine sind erschrocken. Auch meine Seele ist sehr bestürzt. Du aber, Jahwe — wie lange noch? Kehre zurück, Jahwe. Errette meine Seele und hilf mir um Deiner liebenden Güte willen. … Jahwe hat mein Flehen gehört. Jahwe nimmt mein Gebet an. (Psalm 6,2-4.9)

Levi bereitete Ihm ein großes Mahl in seinem Haus. Und es war eine große Menge von Zöllnern und anderen da, die mit ihnen zu Tisch lagen. Und ihre Schriftgelehrten und die Pharisäer murrten gegen Seine Jünger und sagten: „Warum esst und trinkt ihr mit den Zöllnern und Sündern?" Jesus antwortete ihnen: „Nicht die Gesunden brauchen einen Arzt, sondern die Kranken. Ich bin nicht gekommen, Gerechte zur Buße zu rufen, sondern Sünder." (Lukas 5,29-32)

Fürchte dich nicht vor dem, was du leiden wirst. Siehe, der Teufel wird einige von euch ins Gefängnis werfen, damit ihr geprüft werdet; und ihr werdet Drangsal haben zehn Tage lang. Sei getreu bis in den Tod, so werde ich dir die Krone des Lebens geben. (Offenbarung 2,10)

Erklärung

Bete. Das ist die zentrale Wahrheit in der heutigen Lesung. Wenn du leidest oder krank bist, möchte Gott dein Gebet hören. Das liegt daran, dass Gott möchte, dass du dich Ihm näherst und erkennst, dass du Ihn brauchst. Er hat die Macht, dich zu heilen, wenn es Sein Wille ist.

Gott möchte auch nicht, dass du deinen Kampf allein ausfechtest. Er möchte, dass du auch die Gemeindeleiter und deine Freunde bittest, für dich zu beten. Ich weiß, dass dies in einer Zeit wie der jetzigen, in der das Coronavirus uns alle zu Hause oder in Quarantäne hält, schwierig sein kann. Rufe stattdessen in deiner Gemeinde an und erzähle ihnen von deinem Gebetsanliegen, reiche eine Gebetsanfrage online ein oder poste sie auf deiner Social-Media-Seite.

Manchmal wird Krankheit durch Sünde hervorgerufen. Es ist Gottes Züchtigung, um dir zur Buße zu verhelfen. Wenn du eine Sünde begangen hast, die du Gott noch nicht bekannt hast, tue das, damit Gott dir vergeben, dir Seinen Frieden schenken und dich heilen kann, wenn das Sein Wille ist. Wenn du gegen jemand anderen gesündigt hast, bitte auch diese Person um Vergebung.

Andere Male geht es beim Leiden jedoch darum, Gottes Glaubensprüfung standzuhalten. Bleibe Gott während deiner dunklen Zeit treu. Verfluche Gott nicht und sage dich nicht von Ihm los. Wenn du treu bleibst, selbst bis zum Tod, dann verspricht Gott dir aufgrund deines Glaubens eine Krone des Lebens. Wir denken nicht gerne darüber nach, dass Gott zulässt, dass uns schlimme Dinge widerfahren, aber manchmal tut Er es, weil Er auf der anderen Seite eine Belohnung für uns bereit hält. Denke mitten in deinem Schmerz an Gottes Segen.

Wir haben heute auch gelernt, dass nicht jede Krankheit körperlich ist. Wenn du keine persönliche Beziehung zu Jesus hast, dann hast du eine geistliche Krankheit. Unbereute Sünde führt zum ewigen Tod und zur Dunkelheit. Jesus ist der Arzt dafür. Seine Behandlung ist einfach und leichter als die Einnahme einer Pille. Glaube einfach, dass Jesus der Sohn Gottes ist, dass Er für deine Sünden gestorben ist, dass Er nicht tot geblieben ist, sondern auferstanden ist und heute im Himmel regiert.

Welcher Dunkelheit du heute auch gegenüberstehst, vertraue auf Gott und nicht auf dich selbst und deinen eigenen Verstand. Du musst erkennen, dass Gott der Urheber der gesamten Schöpfung ist. Er hat die gesamte Geschichte bereits geschrieben. Du weißt nicht alles, was Gott für die Zukunft bereit hält. Du erlebst gerade nur eine Seite nach der anderen. Lass dich von dem Wissen trösten, dass Gott dein Gebet um Heilung hört und annimmt. Bete weiter, denn beharrliches Gebet ist ein wirksames Heilmittel.

Lektion

Wir müssen Gott um Heilung bitten und darum ersuchen, dass unsere Gemeindeleiter und Lieben auch für uns beten. Wenn du krank bist oder leidest, hast du Gott um Heilung gebeten? Hast du deine Gemeinde, Familie und Freunde gebeten, für dich zu beten?

Kennst du jemanden, der krank ist und Heilung braucht, sei es körperliche oder geistliche Heilung? Dann bete jeden Tag für diese Person.

Hast du Gott deine Sünden bekannt und um Vergebung gebeten? Bekenne sie Ihm und entschuldige dich bei deinen Freunden und deiner Familie, falls du das tun musst. Dann vertraue darauf, dass Gott dich körperlich heilen wird, wenn das Sein Wille für dich ist.

Anwendung

Verpflichte dich heute dazu, Gott um Heilung zu bitten. Sei es für dich selbst oder für einen geliebten Menschen und sei es für körperliche oder geistliche Heilung. Sei dieser Gerechte mit dem eindringlichen Gebet, über den Jakobus schrieb, und wisse, dass dein Gebet von Gott gehört wird und einen Unterschied macht.

Gebet

Lieber Gott, ich bete um Heilung für mich selbst und für meine Freunde und Familie. Bitte vergib mir meine Sünden, damit ich geheilt werden kann. Ich weiß, dass Dein Wort sagt, dass Jesus gesandt wurde, um die zu heilen, die zerbrochenen Herzens sind. Ich glaube und vertraue darauf, dass ich geheilt werde, wenn Du mich heilen willst. Ich weiß jedoch auch, dass diese dunkle Zeit eine Zeit der Prüfung für mich sein kann. Bitte hilf mir, treu zu bleiben und in ständigem Gebet zu Dir zu verharren. Hilf mir, meine Augen auf Jesus und den Schatz zu richten, der mich erwartet, wenn das Licht auf diese dunkle Zeit scheint.

Tag 6 - Fülle deine Seele mit Licht

Schriftlesung

Denn die nach dem Fleisch leben, richten ihren Sinn auf die Dinge des Fleisches; die aber nach dem Geist leben, auf die Dinge des Geistes. Denn das Sinnen des Fleisches ist der Tod, das Sinnen des Geistes aber Leben und Friede. (Römer 8,5-6)

Wenn ihr nun mit Christus auferweckt worden seid, so sucht, was droben ist, wo Christus ist, sitzend zur Rechten Gottes. Richtet euren Sinn auf das, was droben ist, nicht auf das, was auf der Erde ist. Denn ihr seid gestorben, und euer Leben ist verborgen mit Christus in Gott. … Tötet daher eure Glieder, die auf der Erde sind: sexuelle Unmoral, Unreinheit, leidenschaftliche Begierde, böse Lust und Habsucht, welche Götzendienst ist. … Jetzt aber müsst ihr das alles ablegen: Zorn, Grimm, Bosheit, Lästerung und schändliches Reden aus eurem Mund. Lügt einander nicht an, da ihr den alten Menschen mit seinen Taten ausgezogen und den neuen Menschen angezogen habt, der erneuert wird in der Erkenntnis nach dem Bild seines Schöpfers.… Zieht nun an als Gottes Auserwählte, Heilige und Geliebte, ein Herz voller Mitgefühl, Freundlichkeit, Niedrigkeit, Demut und Ausharren; ertragt einander und vergebt euch gegenseitig, wenn einer eine Klage gegen den anderen hat; wie auch Christus euch vergeben hat, so tut auch ihr. Über dies alles aber zieht die Liebe an, welche das Band der Vollkommenheit ist. (Kolosser 3,1-3.5.8-10.12-14)

Während wir nicht auf das schauen, was man sieht, sondern auf das, was man nicht sieht. Denn das, was man sieht, ist zeitlich, das aber, was man nicht sieht, ist ewig. (2. Korinther 4,18)

Schließlich, Brüder, was immer wahr, was immer ehrbar, was immer gerecht, was immer rein, was immer lieblich, was immer von gutem Ruf ist: wenn es irgendeine Tugend und wenn es etwas Lobenswertes gibt, darüber denkt nach. Tut die Dinge, die ihr gelernt, empfangen, gehört und an mir gesehen habt, und der Gott des Friedens wird mit euch sein. (Philipper 4,8-9)

Erklärung

„Du bist, was du isst" gilt nicht nur für Lebensmittel und deinen physischen Körper. Es gilt auch für das, womit du deine Seele fütterst. Was du konsumierst, hat auch Auswirkungen auf deine geistliche Gesundheit.

Nachdem du deinen Glauben auf Jesus gesetzt hast und ein Gläubiger geworden bist, bist du von neuem geboren. Das bedeutet, dass du ein neuer Mensch bist. Das Erste, was du also tun musst, ist, mit dem Sündigen aufzuhören. Der Apostel Paulus führt eine ganze Reihe von Sünden auf, die abgelegt werden müssen, darunter sexuelle Sünden, Habsucht – was bedeutet, dass du das willst, was andere haben –, Götzendienst – was die Anbetung von allem anderen außer Gott ist –, zornig zu sein, schlecht über andere Menschen zu reden und zu lügen. Das war es, was dein altes Selbst und dein sündiges Leben ausmachte. Das bist du nicht mehr.

Das neue Ich ist mitfühlend und freundlich. Du harrst aus, erträgst und vergibst anderen Menschen, und vor allem liebst du. Du hast alle Früchte des Geistes, zu denen Liebe, Freude, Friede, Geduld, Freundlichkeit, Güte, Glaube, Sanftmut und Selbstbeherrschung gehören. Dein altes Selbst ist tot.

Da du andere Menschen und Jesus am allermeisten liebst, kannst du es nicht ertragen, etwas zu tun, das ihnen weh tun oder Unrecht zufügen würde. Du würdest nicht daran denken, gegen sie zu sündigen. Genau darum geht es beim Wandeln in der Liebe. Du gehorchst Gott von ganzem Herzen. Du sehnst dich danach, Ihn jeden Tag mehr und mehr kennenzulernen. Du möchtest, dass andere Menschen Jesus genauso sehr kennen und lieben wie du.

Sobald du sündige Taten besiegt hast, musst du gegen deine dunklen und sündigen Gedanken kämpfen. Ja, auch deine Gedanken können sündig sein. Wenn dein Verstand voller Angst oder Sorge ist, dann zweifelst du an Gottes Liebe und Verheißungen. Wenn du wegen der dunklen Zeit, die du durchmachst, wütend auf Gott oder dich selbst bist, bist du nur einen Schritt davon entfernt, diesen Zorn gegenüber Menschen, die du liebst, physisch auszudrücken, und du kämpfst gegen das an, was Gott getan hat.

Das Heilmittel besteht darin, nicht mehr über die Dunkelheit nachzudenken. Denke stattdessen an das Licht. Denke an himmlische Dinge, an gute Dinge, an Dinge, die Gottes Lob würdig sind. Das zu tun, wird dir Leben und Frieden bringen. Dein Leben wird ein Spiegelbild der Dinge sein, über die du nachdenkst. Wenn du über Gottes Liebe und Verheißungen nachdenkst, wird dein Glaube wachsen, du wirst Gottes Liebe zeigen, und diese dunklen Gedanken werden verdrängt werden und verschwinden.

Lektion

Hast du dein altes sündiges Selbst und die Verhaltensweisen, die du früher an den Tag gelegt hast, abgelegt? Du musst dein neues Selbst anziehen und alles mit Gottes Liebe im Sinn tun.

Womit füllst du deine Seele? Du musst deine dunklen Gedanken besiegen, indem du an himmlische Dinge denkst, an Dinge, die Jesus gutheißen würde. Das bedeutet, dass du nicht nur darauf achten musst, worüber du nachdenkst, sondern auch darauf, was du ansiehst, anhörst und liest.

Anwendung

Heute wirst du die Dunkelheit besiegen, die deinen Verstand plagt. Entscheide dich heute, keine Fernsehsendungen mehr zu schauen, die nicht gut für deine Seele sind. Du weißt, welche das sind. Sie sind voller Gewalt, Fluchen und Sex. Ich weiß, dass es schwer sein wird, aber du kannst es schaffen, weil du Jesus liebst. Es spielt keine Rolle, wie diese Geschichten enden. Deine Seele ist wichtiger als das, nicht wahr? Entscheide dich heute, keine Musik mehr zu hören, die voll von hasserfüllten oder sündigen Texten ist. Höre stattdessen etwas, das deinen Geist aufrichtet. Entscheide dich heute, mehr über den Himmel zu lernen. Randy Alcorns Buch *Himmel* ist ein hervorragender Ort, um damit zu beginnen.

Gebet

Lieber Gott, danke, dass Du mir die notwendigen Werkzeuge gegeben hast, um die dunklen Gedanken zu bekämpfen, die in meinem Verstand Unheil anrichten. Hilf mir, mich von einem Leben in Sünde abzuwenden und mich Dir zuzuwenden und ein Leben voller Liebe zu führen. Liebe zu Dir und zu anderen. Hilf mir, die Fernsehsendungen und Musik auszusortieren, die nicht gut für mich sind. Ich möchte von nun an an gute und himmlische Dinge denken. Ich bete darum, dass Dein Friede und Dein Licht meinen Verstand erfüllen.

Tag 7 - Sei ein Freund

Schriftlesung

Denn wo zwei oder drei in Meinem Namen versammelt sind, da bin ich mitten unter ihnen. (Matthäus 18,20)

Sie verharrten aber standhaft in der Lehre der Apostel und in der Gemeinschaft, im Brechen des Brotes und im Gebet. (Apostelgeschichte 2,42)

Lasst uns aufeinander achthaben, um uns zur Liebe und zu guten Werken anzureizen, indem wir unser eigenes Zusammenkommen nicht verlassen, wie es bei einigen Sitte ist, sondern einander ermahnen, und das umso mehr, als ihr seht, dass der Tag naht. (Hebräer 10,24-25)

Doch ihr habt recht getan, dass ihr Anteil an meiner Bedrängnis hattet. Auch ihr selbst wisst, ihr Philipper, dass am Anfang des Evangeliums, als ich aus Mazedonien wegzog, keine Gemeinde in der Sache des Gebens und Empfangens mit mir Gemeinschaft hatte als ihr allein. Denn auch nach Thessalonich habt ihr einmal und zweimal für meinen Bedarf gesandt. Nicht dass ich nach der Gabe suche, sondern ich suche nach der Frucht, die sich auf eurem Konto mehrt. (Philipper 4,14-17)

Als nun die drei Freunde Hiobs von all diesem Unglück hörten, das über ihn gekommen war, kamen sie ein jeder aus seinem Ort: Elifas der Temaniter, Bildad der Schuchiter und Zofar der Naamatiter; und sie trafen eine Verabredung miteinander, um zu kommen, ihm ihr Mitgefühl zu bezeigen und ihn zu trösten. Als sie ihre Augen von ferne erhoben und ihn nicht erkannten, erhoben sie ihre Stimme und weinten; und jeder zerriss sein Gewand und sprengte Staub auf sein Haupt gegen den Himmel hin. So saßen sie mit ihm auf der Erde sieben Tage und sieben Nächte lang, und keiner sprach ein Wort zu ihm, denn sie sahen, dass sein Schmerz sehr groß war. (Hiob 2,11-13)

Vor allem aber seid inständig in eurer Liebe untereinander, denn die Liebe deckt eine Menge von Sünden zu. Seid gastfreundlich gegeneinander ohne Murren. Wie ein jeder eine Gabe empfangen hat, so dient einander damit als gute Verwalter der mannigfaltigen Gnade Gottes. (1. Petrus 4,8-10)

Erklärung

Gott sagt, Er sei bei dir, wenn du dich mit mindestens einer anderen

Person in Seinem Namen versammelst. Das sind großartige Neuigkeiten für diejenigen unter uns, die nicht persönlich am Gottesdienst teilnehmen können, weil wir zu Hause bleiben und uns von anderen Menschen sozial distanzieren müssen, all das wegen des Coronavirus. Die Technologie ermöglicht es uns, uns virtuell mit anderen Gläubigen überall auf der Welt zu versammeln.

Siehst du, Gott möchte, dass du freundlich bist. Er möchte nicht, dass du ein Einsiedler bist und dein Leben alleine lebst, selbst wenn es einen Virus gibt. Das liegt daran, dass das Zusammenkommen einen Zweck hat, den Er dich nicht verpassen lassen möchte. Die frühe Gemeinde lernte zusammen, verbrachte Zeit zusammen, aß gemeinsam Mahlzeiten und betete zusammen. Sie ermutigten einander auch zur Liebe und dazu, gute Dinge zu tun.

Das alles sind wichtige Dinge, wenn wir in dunklen Zeiten leben und diese durchmachen. Du brauchst andere Menschen, die dir hindurchhelfen. Sie können Unterstützung und Gebet anbieten. In wahrhaft schwierigen Zeiten können deine Familie und Freunde wie die Freunde Hiobs sein. Hiob war so betrübt, dass sie nicht wussten, was sie tun oder sagen sollten, um ihn zu trösten, aber das war in Ordnung. Sie erschienen, sie weinten mit ihm und sie saßen bei ihm. Ihre Anwesenheit war genug.

An den Bedrängnissen anderer Anteil zu nehmen, ist das, wozu der Apostel Paulus ermutigte. Gib denen, die in Not sind. Gott hat jedem von uns geistliche Gaben gegeben, zu denen gehören: die Fähigkeit, guten Rat zu geben, Wissen zu teilen, Glauben, Heilung, das Wirken von Wundern, die Unterscheidung der Geister, das Reden in Sprachen, das Auslegen von Sprachen, Dienen, Lehren, Ermutigen, Geben und Führen. Er möchte, dass du die Gaben, die Er dir gegeben hat, nutzt, um anderen zu dienen.

Hast du bemerkt, dass es nicht Geld sein muss? Die Gabe des Gebens war nur eine von vielen. Du kannst Anteil an der Bedrängnis der Menschen nehmen mit deiner Zeit, deinem Trost, deiner Ermutigung und sogar mit deinen Gebeten um Heilung. Genau wie bei den Freunden Hiobs sind deine Anwesenheit und deine Bereitschaft zu helfen das, was wichtig ist.

Für diejenigen, die freundlich und gastfreundlich sind, wartet im Himmel Frucht auf dich. Wenn wir unsere von Gott gegebenen Gaben verschenken, erhalten wir im Gegenzug Gottes Geschenk himmlischer Schätze.

Lektion

Sei involviert, sei präsent und sei ein Freund für jemanden während dieser schwierigen und dunklen Zeit. Für wen bist du ein Freund?

Überlege dir die Dinge, für die du brennst und die du gut kannst, damit du deine geistlichen Gaben identifizieren kannst. Hast du diese Fähigkeiten für den Freund eingesetzt, den du identifiziert hast?

Wenn es dir nicht möglich ist, persönlich an Gottesdiensten oder der Gemeinschaft mit anderen teilzunehmen, bleibst du auf andere Weise verbunden und nutzt die Technologie, um dir zu helfen? Es ist wichtig, sozial verbunden zu bleiben, selbst wenn wir räumlich distanziert sein müssen.

Anwendung

Identifiziere heute, für wen du ein Freund bist. Es können deine Familienmitglieder, Freunde, Gemeindemitglieder, dein Nachbar oder sogar ein Arbeitskollege sein. Entscheide dich heute, mit mindestens einem von ihnen Kontakt aufzunehmen. Ermutige sie während dieser dunklen Zeit. Finde heraus, wie du für sie beten kannst, und verpflichte dich dann, diese Woche für sie zu beten. Nutze deine geistlichen Gaben, um jedes andere Bedürfnis zu stillen, das sie haben.

Wenn deine Gemeinde sich nicht persönlich trifft, finde heraus, wie du online teilnehmen kannst. Wenn sie keinen Online-Gottesdienst haben, kannst du dich stattdessen mir und meiner Gemeinde anschließen. Gehe auf die Website calvarynm.church für weitere Informationen.

Gebet

Lieber Gott, ich bete, dass Du mir hilfst, ein besserer Freund für meine Familie, meine Freunde und meine Arbeitskollegen zu sein. Hilf mir, sozial verbunden zu bleiben, wenn es mir nicht möglich ist, physisch zur Gemeinschaft oder zur Gemeinde anwesend zu sein. Ich bete auch, dass Du mir hilfst zu erkennen, welche geistlichen Gaben Du mir gegeben hast, und dass Du mich mit dem Wunsch erfüllst, sie einzusetzen. Ich würde auch gerne beten, dass Du heute die Bedürfnisse meiner Freunde stillst und dass Du sie während dieser dunklen Zeit tröstest.

Tag 8 - Sagt Dank

Schriftlesung

Darum hat auch Jesus, damit Er das Volk durch Sein eigenes Blut heilige, außerhalb des Tores gelitten.... Durch Ihn lasst uns nun Gott beständig ein Opfer des Lobes darbringen, das ist die Frucht der Lippen, die sich zu Seinem Namen bekennen. (Hebräer 13,12.15)

Gott aber sei Dank, der uns den Sieg gibt durch unseren Herrn Jesus Christus. (1. Korinther 15,57)

Würdig bist Du, unser Herr und Gott, der Heilige, die Herrlichkeit und die Ehre und die Macht zu empfangen; denn Du hast alle Dinge erschaffen, und Deines Willens wegen waren sie und wurden sie erschaffen! (Offenbarung 4,11)

Berauscht euch nicht mit Wein, worin Ausschweifung ist, sondern werdet voller Geist, indem ihr zueinander redet in Psalmen, Lobliedern und geistlichen Liedern und singt und spielt in eurem Herzen dem Herrn; und sagt Gott, dem Vater, allezeit Dank für alles im Namen unseres Herrn Jesus Christus. (Epheser 5,18-20)

Jahwe ist meine Stärke und mein Schild. Mein Herz hat auf Ihn vertraut, und mir ist geholfen worden. Darum frohlockt mein Herz sehr. Mit meinem Lied will ich Ihm danken. (Psalm 28,7)

Dankt Jahwe, denn Er ist gütig, denn Seine liebende Güte währt ewig. … Ihm, der allein große Wunder tut, … Ihm, der die Himmel mit Verstand gemacht hat, … Ihm, der die Erde über den Wassern ausgebreitet hat, … Ihm, der die großen Lichter gemacht hat, … die Sonne zur Herrschaft über den Tag, … den Mond und die Sterne zur Herrschaft über die Nacht, … der an uns gedacht hat in unserer Niedrigkeit, … und uns von unseren Widersachern befreit hat, … der jedem Geschöpf Speise gibt.... Oh dankt dem Gott des Himmels, denn Seine liebende Güte währt ewig. (Psalm 136,1.4-9.23-26)

Sagt in allem Dank, denn dies ist der Wille Gottes in Christus Jesus an euch. (1. Thessalonicher 5,18)

Erklärung

Nun, diese Verse erklären sich so ziemlich von selbst, nicht wahr? Sagt Dank! Was bedeutet es jedoch, Gott zu loben und Ihm zu danken?

Erstens erfordert es die Erkenntnis, dass Gott es wert ist, dass man Ihm dankt. Du musst anerkennen, dass Gott wirklich all die Dinge getan hat, von denen die Bibel spricht. Du musst glauben, dass Gott die Himmel, die Erde, die Sonne, den Mond, die Sterne, dich, mich und alles andere erschaffen hat. Du weißt auch, dass Gott für jedes Seiner Geschöpfe sorgt. Er gab uns die Erde und alles darauf zu unserer Nahrung und Freude. Du hältst an der Tatsache fest, dass Gott dich liebt.

Du musst glauben, dass Gott selbst den Himmel verlassen hat, um dich zu retten, als Er als Jesus auf die Erde kam. Vertraue darauf, dass Jesus den Tod, die Sünde, den Fluch und deinen Feind Satan besiegt hat, als Er gekreuzigt wurde und auferstand. Jesus ist würdig, weil Er den geistlichen Krieg, in dem wir uns befinden, bereits gewonnen hat. Das bedeutet auch, dass du durch Ihn siegreich bist, wenn du glaubst und deinen Glauben auf Ihn gesetzt hast. Du weißt, dass Jesus dich mit Seinem Heiligen Geist, dem Helfer, versiegelt hat, und Er ist dein Schild und deine Stärke, besonders in diesen dunklen Zeiten.

Nachdem du erkannt hast, dass Gott würdig ist, musst du den Wunsch haben, Ihn anzubeten. Das bedeutet, dass du Ihm deine Treue und Loyalität bekunden willst. Du willst nicht die Welt, die Dinge in der Welt oder irgendeinen falschen oder fremden Gott anbeten. Du willst dich Jesus hingeben und Ihm folgen und Ihm von ganzem Herzen gehorchen. Siehst du, du liebst Jesus wegen allem, was Er für dich getan hat.

So singst du Sein Lob laut und in deinem Herzen, den ganzen Tag und jeden Tag. Alles, was du tust, ist ein Akt der Anbetung und des Dankes an Gott. Wenn du arbeitest, arbeitest du von ganzem Herzen, weil du weißt, dass du in Wirklichkeit für Jesus arbeitest. Wenn du liebst, liebst du bedingungslos, weil Jesus so liebt. Wenn du deine Bibel liest, dankst du Gott dafür, dass Er dir Anweisungen hinterlassen hat, wie man gerettet wird und wie man das Leben lebt, und dafür, dass Er dir Verheißungen gegeben hat, wie die Ewigkeit und den Himmel, auf die du dich freuen kannst.

Gott möchte, dass dein Leben widerspiegelt, wie dankbar du für alles bist, was Er für dich getan hat. Siehst du, wenn du es dir zur Gewohnheit machst, Gott zu danken, werden sich dein Herz und deine Augen verändern. Dein Herz wird voller Liebe sein und deine Augen werden Gottes Licht sehen. Es wird kein Platz mehr für Dunkelheit sein.

Lektion

Hast du ein dankbares Herz, das Gott den ganzen Tag über Loblieder singt? Gott ist deines Lobes und deiner Dankesworte gewiss würdig.

Lebst du dein Leben so, dass es zeigt, wie dankbar du Gott bist? Ein gehorsames Leben zu führen, das die Liebe Jesu widerspiegelt, wird genau das bewirken.

Anwendung

Sage Gott heute Dank! Danke Ihm dafür, dass Er dich erschaffen hat und für all die wunderbaren Dinge auf der Erde, die dich versorgen und dir Freude bereiten. Danke Ihm für Jesus, dafür, dass Er dich von deinen Sünden und einer Ewigkeit der Verdammnis in der Hölle gerettet hat. Danke Gott dafür, dass du als Gläubiger für immer bei Ihm im Himmel leben darfst.

Danke Gott den ganzen Tag über für alles, womit Er dich in deinem Leben gesegnet hat. Danke Ihm für deine Familie, deine Freunde und deine Gemeinde. Hast du ein Problem bei der Arbeit gelöst? Danke Gott für Seine Hilfe. Gab es im Laden das, was du brauchtest? Danke Gott für Seine Fürsorge. Hattest du Lebensmittel, um das Abendessen zuzubereiten, und hast es beim Kochen nicht anbrennen lassen? Danke Gott dafür, dass Er gut zu dir ist. Sage heute bei allem, was du tust, Dank Demjenigen, Dem es wirklich gebührt.

Gebet

Lieber Gott, ich bete, dass Du mein jetziges Herz nimmst und es durch ein Herz ersetzt, das dankbar ist und Dein Lob singen will, den ganzen Tag und jeden Tag. Bitte vergib mir, dass ich undankbar war. Ich bete, dass Du die Dunkelheit entfernst, die mich verzehrt, und sie durch Dein Licht ersetzt. Ich möchte die Gewohnheit entwickeln, Lobpreis darzubringen. Bitte hilf mir bei diesem Unterfangen. Hilf mir, das Gute in allem zu sehen, was Du tust, und Dir dafür zu danken. Lege ein Lied in mein Herz, das meinen Geist aufrichtet.

Tag 9 - Sei freudig in allem

Schriftlesung

Dies ist der Tag, den Jahwe gemacht hat. Wir wollen frohlocken und uns an ihm freuen! (Psalm 118,24)

Ein fröhliches Herz dient gut als Medizin, aber ein niedergeschlagener Geist lässt die Gebeine verdorren. (Sprüche 17,22)

Jahwe, Dein Wort ist auf ewig im Himmel festgesetzt. Deine Treue währt von Geschlecht zu Geschlecht. Du hast die Erde gegründet, und sie besteht. Deine Ordnungen bestehen bis auf diesen Tag, denn alle Dinge dienen Dir. Wäre Dein Gesetz nicht meine Wonne gewesen, so wäre ich in meinem Elend umgekommen. Ich will Deine Vorschriften niemals vergessen, denn durch sie hast Du mich belebt. (Psalm 119,89-93)

„Singe und freue dich, Tochter Zion! Denn siehe, Ich komme und Ich werde in deiner Mitte wohnen", spricht Jahwe. (Sacharja 2,10)

Freut euch, dass eure Namen im Himmel geschrieben sind. (Lukas 10,20)

Dies habe Ich zu euch geredet, damit Meine Freude in euch bleibe und eure Freude völlig werde. (Johannes 15,11)

Haltet es für lauter Freude, meine Brüder, wenn ihr in mancherlei Versuchungen fallt, da ihr wisst, dass die Prüfung eures Glaubens Ausharren bewirkt. Das Ausharren aber soll ein vollkommenes Werk haben, damit ihr vollkommen und vollständig seid und in nichts Mangel habt. (Jakobus 1,2-4)

Freut euch im Herrn allezeit! Abermals will ich sagen: „Freut euch!" Lasst eure Sanftmut allen Menschen bekannt werden. ... Nicht dass ich es wegen eines Mangels sage, denn ich habe gelernt, in welcher Lage ich auch bin, darin zufrieden zu sein. Ich weiß, wie man erniedrigt wird, und ich weiß auch, wie man Überfluss hat. In jeder und in allen Situationen habe ich das Geheimnis gelernt, sowohl satt zu sein als auch zu hungern, sowohl Überfluss zu haben als auch Mangel zu leiden. Ich kann alles durch Christus, der mich stärkt. (Philipper 4,4-5.11-13)

Der Gott der Hoffnung aber erfülle euch mit aller Freude und allem Frieden im Glauben, damit ihr überreich seid an Hoffnung durch die Kraft des Heiligen Geistes. (Römer 15,13)

Erklärung

Du hast viel Grund zur Freude; deshalb solltest du frohlocken! Glücklichsein ist gut für dich. Es ist Medizin für deine Seele. Lass dich von der Dunkelheit nicht in ihre Leere saugen. Wenn du dich auf die Dunkelheit konzentrierst, wird sie all dein Glück absaugen. Du musst kontrollieren, wie du dich fühlst, ungeachtet deiner Umstände, indem du ganz bewusst freudig bist. Ja, du kannst es kontrollieren, weil Jesus gesagt hat, dass du es kannst. Er hat dir die Kraft dazu gegeben — Seinen Heiligen Geist.

Sei froh, denn heute ist ein weiterer Tag. Es ist ein brandneuer Tag mit wundervollen Möglichkeiten.

Sei glücklich, weil du Gottes Wort hast, an dem du dich erfreuen kannst. Sein Wort hat dir gesagt, wie du gerettet werden kannst. Es hat dir Leben geschenkt! Frohlocke also, denn dein Name steht in Jesu Buch des Lebens. Du bist bereits ein Bürger des Himmels.

Sei freudig, denn Jesus wird eines Tages kommen, um bei uns hier auf der Erde zu leben. Es wird nach der Entrückung und nach der siebenjährigen Drangsalszeit geschehen.

Freue dich sogar in Prüfungen, denn du hast gelernt, dass Gott sie zu deinem Besten nutzt. Prüfungen und dunkle Zeiten testen deinen Glauben. Sie geben dir die Gelegenheit zu zeigen, wie sehr du Gott liebst und wie stark dein Glaube ist. Als Ergebnis entwickelst du Ausharren. Das wiederum ermöglicht es dir, standhaft zu bleiben, auszuharren und durch jede Härte, die dir begegnet, weiterzugehen. Sei froh, dass die schweren Zeiten dich Jesus ähnlich machen, denn Er war in der Lage, sogar bis zum Tod auszuharren.

Sich zu freuen bedeutet nicht nur, sich freudig zu fühlen oder große Wonne zu empfinden; es hat noch eine andere Bedeutung. Es bedeutet auch, Freude zu schenken. Du solltest so voller Freude sein, dass sie in dir überströmt. Das bedeutet, dass sie überfließt und sich ausgießt. Du hast einen endlosen Vorrat an Fröhlichkeit in dir, denn als Gläubiger wohnt der Heilige Geist in dir. Das ist Jesu Kraft, die in dir lebt! Die Dunkelheit wird weichen, weil du sie mit Freude überfluten wirst. Und nicht nur deine Dunkelheit, sondern auch die Wolke, die deine Familie und Freunde einhüllt. Während die Welt ängstlich und voller Sorge wegen des Coronavirus ist, lass deine Freude das Unheil und die Düsternis vertreiben.

Lektion

Bist du freudig wegen all der wunderbaren Dinge, die Gott für dich getan hat? Gott möchte, dass du glücklich bist. Er hat dich über alle Maßen gesegnet. Denke daran, dass du ein Miterbe mit Jesus bist. Du wirst für immer an dem vollkommensten heiligen Ort leben. Besser geht es nicht.

Bist du mitten in dunklen Zeiten voller Freude? Gott möchte, dass du frohlockst, ungeachtet dessen, was um dich herum oder mit dir geschieht, denn das Leben hier auf Erden ist nur vorübergehend. Glück hängt nicht von den Umständen ab, sondern von der Ewigkeit. Dein ewiges Leben ist in dem Moment sicher, in dem du deinen Glauben auf Jesus setzt. Das Böse und die Dunkelheit können dir nichts anhaben, also freue dich!

Anwendung

Heute ist ein neuer Tag. Du wirst ganz neu beginnen. Ungeachtet dessen, was heute passiert, wirst du glücklich sein, weil du daran denken wirst, wie ewig sicher du in den Händen Jesu bist. Erinnere dich an die Verheißung Gottes, die du an Tag 3 identifiziert hast, und denke auch heute daran.

Weißt du, der Teufel will dir dein Glück stehlen. Gönne ihm diese Genugtuung nicht! Tue stattdessen etwas, um seiner Dunkelheit entgegenzuwirken und Freude zu verbreiten. Zapfe den Heiligen Geist an und poste angenehme Dinge über deine Familie und Freunde in den sozialen Medien, schaue einen Film mit deinem Ehepartner, von dem du weißt, dass er ihm oder ihr ein Lächeln ins Gesicht zaubern wird, oder gehe mit deinen Kindern spazieren und weise unterwegs auf all die guten Dinge in Gottes Schöpfung hin.

Gebet

Lieber Gott, bitte vergib mir, dass ich mich auf meine dunklen Umstände konzentriert habe, die mich in der Finsternis ertrinken lassen. Ich bete, dass Du mir hilfst, mich auf meine sichere ewige Zukunft zu konzentrieren, in die die Dunkelheit nicht eindringen kann. Bitte hilf mir, in allem freudig zu sein, so sehr, dass es in mir überfließt und die Menschen um mich herum überflutet.

Tag 10 - Das Licht in dunklen Zeiten sehen

Schriftlesung

Wir wissen aber, dass denen, die Gott lieben, alle Dinge zum Guten zusammenwirken, denen, die gemäß Seinem Vorsatz berufen sind. (Römer 8,28)

Was euch betrifft, ihr hattet Böses gegen mich im Sinn, aber Gott meinte es gut, um viele Menschen am Leben zu erhalten, wie es heute geschieht. (1. Mose 50,20)

Werft all eure Sorgen auf Ihn, denn Er sorgt für euch. Seid nüchtern und selbstbeherrscht. Seid wachsam. Euer Widersacher, der Teufel, geht umher wie ein brüllender Löwe und sucht, wen er verschlingen kann. Widersteht ihm standhaft in eurem Glauben, in dem Wissen, dass eure Brüder, die in der Welt sind, die gleichen Leiden durchmachen. Möge aber der Gott aller Gnade, der euch zu Seiner ewigen Herrlichkeit durch Christus Jesus berufen hat, nachdem ihr eine kleine Weile gelitten habt, euch vollkommen machen, aufrichten, stärken und festigen. (1. Petrus 5,7-10)

Gott hat uns nun Seinen geheimnisvollen Plan bezüglich Christus offenbart, einen Plan, um Sein eigenes Wohlgefallen zu erfüllen. Und dies ist der Plan: Zur rechten Zeit wird Er alles unter der Autorität von Christus zusammenführen — alles im Himmel und auf der Erde. Da wir zudem mit Christus vereint sind, haben wir ein Erbe von Gott empfangen, denn Er hat uns im Voraus erwählt, und Er lässt alles gemäß Seinem Plan ausarbeiten. (Epheser 1,9-11 Neue Lebende Übersetzung)

„Denn Ich kenne die Gedanken, die Ich über euch denke", spricht Jahwe, „Gedanken des Friedens und nicht des Bösen, um euch Hoffnung und eine Zukunft zu geben." (Jeremia 29,11)

Jesus sagte daher zu ihnen: „Noch eine kleine Weile ist das Licht bei euch. Wandelt, solange ihr das Licht habt, damit die Finsternis euch nicht überfällt. Wer in der Finsternis wandelt, weiß nicht, wohin er geht. Solange ihr das Licht habt, glaubt an das Licht, damit ihr Kinder des Lichts werdet. … Ich bin als ein Licht in die Welt gekommen, damit jeder, der an Mich glaubt, nicht in der Finsternis bleibe." (Johannes 12,35-36.46)

Erklärung

Du kannst das Licht in dunklen Zeiten sehen, weil Gott alle Dinge zum Guten wirken lässt. Nun ist dies nur eine Verheißung für diejenigen, die gemäß Seinem Vorsatz berufen sind. Es ist nicht für jeden. Das bedeutet, du musst ein Gläubiger sein, jemand, der seinen Glauben auf Jesus gesetzt hat.

Du kannst das Licht in dunklen Zeiten sehen, weil das Böse, das du heute in der Welt siehst, und die dunklen Zeiten, die du erlebst, von Gott zum Wohle anderer Gläubiger genutzt werden. Nun, einige dieser Gläubigen mögen jetzt noch keine Gläubigen sein, aber sie werden es werden. Wenn die Dunkelheit kommt, werden Menschen, die sie nicht mögen, zum Licht hingezogen. Dort werden sie Jesus begegnen und gerettet werden.

Ich habe vor Kurzem eine ermutigende E-Mail von Pastor Greg Laurie gelesen. Als Kalifornien wegen des Coronavirus abgeriegelt wurde und die Gemeinden sich nicht persönlich versammeln konnten, hatte er stattdessen eine beispiellose Anzahl von Menschen, die seine Wochenendbotschaft online verfolgten. Tatsächlich stiegen die Online-Besucherzahlen um 400 % mit über 230.000 Zuschauern. Von diesen Menschen übergaben 1.438 ihr Leben Jesus!

Du kannst das Licht in dunklen Zeiten sehen, weil du weißt, dass Gott dich vollkommen machen, stärken und dir Frieden geben wird, da Er in all dem bei dir ist. Dein Glaube an Jesus ist es, was der Dunkelheit widersteht. Du weißt auch, dass du in diesem Krieg nicht allein bist. Deine Mitgläubigen haben mit ähnlichen Schwierigkeiten zu kämpfen.

Du kannst das Licht in dunklen Zeiten sehen, weil du Gottes Plan kennst. Heute steht die Erde unter der Autorität Satans, weil wir Menschen sie verloren haben, als Adam und Eva sündigten. Satan ist der Gott dieser Welt. Aber du weißt, dass Jesus den Krieg bereits gewonnen hat, als Er gekreuzigt und auferweckt wurde und dich und die Erde erlöst hat! Genau zur richtigen Zeit werden der Himmel und die Erde unter die Autorität Jesu kommen.

Der beste Teil von Gottes Plan ist, dass du ein Erbe erhältst, weil du dich mit Jesus vereint hast. Alles wird gemäß Gottes Plan ausgehen, weil Gott treu ist und Seine Verheißungen hält. Gott hat die vollständige Kontrolle.

Du kannst das Licht in dunklen Zeiten sehen, weil du weißt, dass Gott nur wundervolle Gedanken über dich hat. Er hat einen Plan für dich. Er hat bereits eine Zukunft für dich vorbereitet.

Du kannst das Licht in dunklen Zeiten sehen, weil du an Jesus glaubst. Er ist das Licht der Welt, und Er hat dich mit überwältigender Hoffnung erfüllt. Du wandelst nicht mehr in der Dunkelheit, weil du im Licht wandelst.

Lektion

Bist du ein Kind des Lichts? Gott möchte, dass du deinen Glauben auf Jesus setzt. Er ist das Licht der Welt und das Heilmittel gegen die Dunkelheit. Entscheide dich dafür, Jesus zu glauben, Ihm zu folgen, Ihm zu gehorchen und Ihn zu lieben, und du wirst das Licht nicht nur sehen, sondern auch darin wandeln.

Kannst du Gottes Absicht und Sein Licht in dieser dunklen Zeit sehen? Gott möchte, dass du Seinen großen Plan kennst und darauf vertraust. Das sollte dir große Hoffnung geben, denn als Gläubiger wird sich wahrhaftig alles zu deinem Besten wenden.

Anwendung

Denke heute an dein Zeugnis und daran, wie du dazu gekommen bist, Jesus zu kennen und an Ihn zu glauben. Vielleicht kennst du Ihn schon, seit du ein Kind warst. Vielleicht kennst du Ihn erst seit dieser Woche. In jedem Fall hast du früher in der Dunkelheit gelebt, bis du das Licht gesehen hast.

Denk darüber nach, wie Jesus dich aus deiner früheren Dunkelheit herausgeholt hat. Bedenke, wie Er dich all die Jahre vor der Dunkelheit bewahrt hat, wenn du Ihn schon lange kennst. Schätze die Menschen, die Gott in dein Leben gestellt hat und die dir geholfen haben, Jesus zu begegnen.

Gebet

Lieber Gott, ich weiß, dass Du treu und vertrauenswürdig bist. Bitte vergib mir, dass ich vergessen habe, was Du in der Vergangenheit für mich getan hast. Ich weiß, dass ich das Licht in dunklen Zeiten sehen kann, weil Du mich schon früher aus der Dunkelheit herausgezogen hast und Du nicht zulassen wirst, dass die Dunkelheit mich jetzt verzehrt. Hilf mir, meine Augen auf Jesus gerichtet zu halten, das Licht meines Lebens.

Vielen Dank, dass du dieses Andachtsbuch gelesen hast. Wenn du meine Arbeit unterstützen möchtest, hinterlasse bitte eine Rezension dort, wo du dieses

Buch gekauft hast. Es ist kostenlos und es dauert nur eine Minute, einen kurzen Satz zu schreiben, der deine Gedanken über das Buch ausdrückt. Deine Rezension ist für unabhängige Autoren, die ihre Bücher selbst verlegen, wie mich, sehr wichtig. Die Algorithmen von Internet- und Online-Buchhandlungen bevorzugen Bücher mit Rezensionen. Sie werden in den Suchergebnissen und an der Spitze der Suchergebnisse häufiger angezeigt als Bücher ohne Rezensionen. Ich benötige sogar eine Mindestanzahl an Rezensionen, bevor ich bestimmte Werbeanzeigen kaufen kann. Deine Rezension wird also dazu beitragen, dass mehr Menschen dieses Buch finden. Das wiederum wird mir helfen, mehr Bücher zu verkaufen, was bedeutet, dass ich weiterhin Bücher für dich schreiben kann. Gehe auf rapture911.com/reviews, wenn du einen Link benötigst, um eine Rezension zu hinterlassen.

Vielen Dank für deine Unterstützung!

Marsha

Bücher von Marsha Kuhnley

Notruf 112 – Die Entrückung: Was zu tun ist, wenn du zurückgelassen wurdest
Notruf 112 – Die Entrückung: 10-Tage-Andacht
Das Licht in dunklen Zeiten sehen: 10-Tage-Andacht

Besuche Marshas Website, um diese Bücher zu finden
rapture911.com

Alle Bücher sind auch als Hörbücher erhältlich.

Hol dir KOSTENLOSE Bücher
rapture911.com/free

Über die Autorin

Marsha Kuhnley ist eine amerikanische Autorin christlicher Sachbücher. Sie hat eine Leidenschaft für biblische Prophetie, Finanzen und Wirtschaft. Sie erwarb ihren Master of Business Administration in Finanzen und ihren Bachelor in Wirtschaftswissenschaften an der University of New Mexico. Vor ihrer Tätigkeit als Autorin genoss sie eine Karriere bei der Intel Corporation. Sie nutzt ihre Ausbildung und ihre Berufserfahrung, um komplexe biblische Informationen aufzugreifen und in leicht verständlichen Konzepten zu präsentieren. Du wirst von über einem Jahrzehnt ihrer Forschung und ihres Studiums der Bibel, der biblischen Prophetie und der Entrückungstheologie profitieren. Sie lebt mit ihrem Ehemann in Albuquerque, New Mexico, wo sie die Calvary Church besuchen.

Besuche Marshas Website, um ihre Bücher zu finden
rapture911.com

Verbinde Dich Mit Marsha
rapture911.com/connect

Kostenlos auf YouTube anhörenYouTube
youtube.com/@Rapture_911